1

1

1

Distopía Generacional

Mi Difícil Viaje Hacia La Resiliencia

Felipe Mecina

ISMN 9798224629138

Mi nombre es Felipe Mecina Mendoza, vivo en la ciudad de San José California, soy originario de Michoacán México llegue a este país hace 45 años y actualmente tengo un pequeño negocio que nos da para vivir con mi familia.

Este libro lo dedico a la memoria de mi madre, porque aunque su corazón estaba vacío supo llenar el mio con amor y que yo aun siendo un niño, Confió y se apoyó en mi para sacar a adelante a nuestra frágil familia, Gracias a ella me convertí en una persona responsable, Trabajador con visión triunfadora a muy temprana edad

"GRACIAS MUÑEQUITA" (como yo la llamaba)

Quiero expresar mi profundo agradecimiento al Maestro Francisco Navarro Lara por su invaluable apoyo en la realización de mis sueños. Su orientación, consejos y enseñanzas fueron fundamentales para iniciar mi sueño. Le estaré eternamente agradecido por su generosidad y dedicación. Sin su ayuda, no habría sido posible lograrlo.

Contenido

Capítulo 1: Preludio Del Desastre   **Página16**

Capítulo 2: Consecuencias Del Pasado   **Página 24**

Capítulo 3:Enfrentando La Incertidumbre Página 31

Capítulo 4:Éxodo De Emergencia   **Página 36**

Capítulo 5: De Regreso a Las Cicatrice   **Página 39**

Capítulo 6:Revelaciones Ocultas   **Página 41**

Capítulo 7:Luces De la Decisión Correcta Página 50

Capítulo 8: Aires De Satisfacción   **Página 53**

Capítulo 9:Cambio De Horizonte LaboralePágina 58

Capítulo 10: Logros Destacados   **Página 63**

Quiero comenzar diciendo que lo que me motivó a contar la historia de mi vida, es con el propósito de motivar a otras personas que pasaron o están pasando por lo mismo que yo pasé, que les sirva de motivación y luchen por sus sueños, que con dedicación inquebrantable y esfuerzo constante podían convertir cada visión en una realidad tangible, recuerda que cuando la vida nos golpea tu decides si te rompes como el cristal o te forjas como el acero.

Me Hubiese Gustado Contar Una Historia Diferente, Pero Esto Fue Lo Que Me Tocó Vivir.

Nací en Michoacán México en un lugar muy aislado y lejano donde no había ninguna clase de servicios, soy el segundo hijo de un total de 8 hermanos cuatro mujeres y cuatro varones, desde que tengo memoria he llevado sobre mis hombros el capricho de mi padre. Un capricho que de alguna manera determinó la compleja cadena de eventos que nos llevaron a ser los hijos de una pareja que nunca compartió el dulce sabor del amor romántico.

Las sombras de la distopía se extendieron más allá de la experiencia solitaria de mi padre; Sus efectos se infiltraron en cada rincón de nuestras vidas como sus hijos. Crecimos en un mundo marcado por la cicatriz del colapso, donde la lucha por la supervivencia y la adaptación se convirtieron en nuestras enseñanzas cotidianas.

Mi Papa es el tercer hijo de un total de cuatro hermanos una mujer y tres varones, que a las edades de entre 1 y 8 años de edad quedaron huérfanos, ya que su papá fue asesinado quedando desamparados aun siendo todavía unos niños.

Mi padre junto con sus hermanos se encontraron repentinamente solos en un mundo que parecía haberse desvanecido de compasión. La tragedia los golpeó como un huracán despiadado, arrebatándoles la seguridad y la guía de la figura paterna. En ese instante, la infancia inocente se desvaneció, reemplazada por una realidad implacable.

Los hermanos, apenas unos niños, se vieron forzados a aprender las lecciones más duras de la vida. La lucha por la supervivencia se convirtió en su única opción, y lo que antes fue un bonito escenario para sus aventuras infantiles, se transformó en un campo de batalla por su supervivencia.

Cada día fue una batalla contra la soledad, pero también una lección de resiliencia y astucia. ya que se convirtieron en maestros solitarios de la supervivencia, aprendiendo como esquivar los peligros y a confiar en sus instintos para navegar por un mundo sin piedad.

Eso con las malas decisiones tomadas por algunos de ellos mismos, desencadenaron una serie de eventos que transformaron nuestra realidad en una distopía. Estos eventos causaron mucho daño a nuestra generación, dejando cicatrices y desolación que perdurarán para siempre.

Es difícil lidiar con las consecuencias de las malas decisiones, especialmente cuando afectan no solo a uno mismo, sino también a todos los miembros de las generaciones futuras. Las decisiones que se tomaron tuvieron un impacto duradero en nuestras vidas y en las vidas de aquellos que nos rodean.

Una distopía creada por decisiones irresponsables, las consecuencias fueron devastadoras para las familias. La opresión se convirtió en una herramienta de control, mientras que la desigualdad socava cualquier posibilidad de justicia y equidad.La escasez de recursos provocó luchas constantes por la supervivencia, exacerbando los conflictos entre nosotros.

La destrucción del medio ambiente y de las estructuras sociales llevó a un estado de sufrimiento generalizado, donde las cicatrices emocionales son tan profundas como las físicas. Superar estas adversidades se conviertio en un desafío monumental, pero crucial para encontrar un camino hacia la esperanza y la recuperación.

Es Importante, aprender de nuestros errores y tomar decisiones más responsables es crucial para evitar repetir los mismos errores y proteger a las generaciones futuras. La empatía y la responsabilidad son pilares fundamentales para construir un mundo mejor para todos. Al ser conscientes del impacto de nuestras acciones en la sociedad y en el medio ambiente, podemos tomar decisiones más informadas y éticas que promuevan la igualdad, la sostenibilidad y el bienestar de todos los seres humanos. La reflexión sobre las consecuencias a largo plazo de nuestras decisiones es esencial para garantizar un futuro más justo y próspero para las generaciones futuras.

Por supuesto que esto que estoy contando aquí no fue hasta que yo cumplí 14 Años de Edad que me enteré cuál había sido el origen que desencadenó la Distopía en toda nuestra Familia.

Porque en el apacible y solitario rancho donde residíamos, los niños éramos ajenos a las vicisitudes por las que habían pasado nuestros padres. Disfrutamos de una vida plena, acorde a nuestras edades, y nos entregábamos a la diversión con todo lo que el lugar nos ofrecía. Todo era tranquilidad y alegría en nuestro pequeño rincón del mundo.En ese lugar, encontramos formas creativas de divertirnos, aprovechando cada momento para explorar y experimentar la vida con la despreocupación propia de la niñez.

Consecuencias Del Pasado

Todo era felicidad en todas las Familias, hasta que un día repentinamente llegaron los soldados a la casa de mi tío el   mayor buscandolo para arrestarlo, pero él no estaba solo, ahí estaba un primo con el, y como mi tío se resistió al arresto, los dos hicieron frente a los soldados dejando como resultado a su primo muerto, aunque mi tío logró escapar.

Aquí comenzaba la amarga historia que marcaría el resto de nuestras vidas. Repentinamente, nuestras vidas dieron un giro inesperado y todas las familias nos vimos obligadas a abandonar el lugar en busca de nuevos horizontes. Este sería el primer éxodo de nuestras familias, un punto de inflexión que cambiaría para siempre el curso de nuestras vidas.

Dejando atrás nuestros cultivos y todos los bienes que poseíamos, unos días después nos encontrábamos en otro lugar igual de aislado al que dejábamos atrás. Era lógico, nadie nos conocía aquí. Nos enfrentábamos a la necesidad de comenzar de cero, ya que habíamos tenido que partir de manera urgente y prácticamente sin nada.

En este lugar, los tres hermanos tomaron la decisión de desmontar un cerro para poder sembrar maíz, una empresa en la que todos nos involucramos. Tanto los tres hermanos como sus hijos mayores trabajamos juntos en esta tarea.

Sin embargo, esta decisión, aunque parecía ser en beneficio de la familia, trajo consigo una serie de problemas y eventualmente causó una desintegración familiar. Los conflictos surgieron debido a diferencias de opinión sobre la gestión de la tierra y los recursos, lo que resultó en tensiones cada vez mayores entre los miembros de la familia.

Con el paso del tiempo, las necesidades y las inconformidades se intensificaron entre los hermanos. Un día mientras trabajaban en el cerro, la tensión llegó a su punto crítico y estalló en una discusión entre mis dos tíos, que pronto escaló hasta llegar a los golpes. En medio del enfrentamiento, mi papá intervino y los separó, evitando que se hicieran daño físicos. Su intervención fue crucial para calmar la situación y prevenir consecuencias aún más graves en la familia.

A pesar de que éramos solo unos niños, las discusiones entre nuestros padres nos revelaron que existía un gran problema en la familia, uno que arrastraban desde su adolescencia. A medida que escuchábamos sus conversaciones, pudimos comprender cuál era la raíz de este conflicto latente.

Durante esas conversaciones, mi tío menor culpaba a su hermano mayor por todas sus desgracias, afirmando que su mal carácter se debía a las dificultades que estaban enfrentando. Fue entonces cuando salió a la luz el hecho de que anteriormente habían tenido que abandonar el rancho repentinamente. Este evento del pasado parecía ser la raíz de muchos de los problemas presentes en la familia.

Ese día, mi padre me reveló el motivo por el cual los soldados estaban buscando a mi tío. Aunque el delito había sido cometido hacía mucho tiempo, él creía que ya todo estaba olvidado y que no tendría más problemas con las autoridades. Sin embargo, la realidad parecía ser diferente, ya que el pasado seguía persiguiendo a mi tío y ahora se veía enfrentando las consecuencias de sus acciones pasadas.

Según la historia aun siendo ellos unos adolescentes, cuando mi tío el mayor tenia como 13 años de edad, un dia se estaban peleando con otro adolesente más o menos de su misma edad, que estaban dándose duro cuando llegó el papá del otro niño, y lejos de separarlos para tranquilizarlos, Lo que hizo fue darle unos azotes a mi tío con el fuete de su caballo, y que mi tío le dijo, señor esto lo pagarás muy caro.

En ausencia de autoridades a quienes recurrir en busca de justicia, en ese lugar prevalecía la ley del más fuerte, lo que comúnmente se conocía como la Ley de Herodes. Cada individuo tenía que defenderse y hacerse respetar por sí mismo. Precisamente fue eso lo que hizo mi tío.

Ese señor pronto se fue con toda la familia de ahí del rancho pero al lugar al que se fue no estaba muy lejos, aunque eso hizo que las cosas se tranquilizaran por lo menos por un buen tiempo puesto que ya no se estaban viendo entre ellos.

Cuando mi tío cumplió 16 años ya se había comprado su primera pistola, pero todo estaba tranquilo con las otras familias, de hecho creen que ese señor ya se había olvidado de los azotes que le había dado a mi tío unos años antes.

Cerca de estos ranchos se encontraba un taller de herrero, al cual acudían todos los campesinos de la zona para llevar sus arados y herramientas agrícolas a afilar, preparándose para la siembra. Por supuesto, mi tío y ese señor también se dirigirán allí. y para desgracia de todos, un día el señor y mi tío coincidieron en el mismo lugar y a la misma hora.

Fue en ese momento que mi tío confrontó al señor, recordándole los azotes que le había dado años atrás. Aunque el señor también traía su arma, mi tío sin pensarlo ahí mismo cumplió su promesa, tampoco le importó que hubiera otras personas presentes. La situación se volvió tensa y difícil para todos los involucrados. y lógicamente para toda la familia.

Mi tio enseguida se fue a recoger a sus dos hermanos menores para llevarcelos con él para protegerlos de una posible venganza por parte de los familiares de ese señor, fueron a esconderse y estuvieron checando todos los movimientos que estaban sucediendo en el rancho.

Unos dia despues abordaron un campesino del mismo lugar, fue con el que le mandaron avisar a su mama donde estaban para que les llevara comida, mi tío ya se había convertido en un prófugo de la justicia y tuvo que huir, también debía cuidarse de los familiares del difunto, y unos días después mi abuela los mandó a los tres al estado de Colima.

Después de huir durante un tiempo, mi tío finalmente se sintió seguro y confiado de que los problemas habían quedado atrás. Decidió regresar al rancho, creyendo que ya no habría más dificultades, con las autoridades.
No faltó quien informará al gobierno de su presencia, y eso fue lo que desencadenó un nuevo capítulo en la Distopía Generacional que estábamos experimentando.

Esta situación nos llevó a enfrentar desafíos aún más difíciles, y ahora era evidente por qué mi tío menor lo culpaba de todo. Las acciones del pasado de mi tío habían desencadenado una serie de eventos que afectaron profundamente a toda la familia y a la comunidad en general.

Tiempo después, mi abuelita logró llegar a un acuerdo con las autoridades para resolver el problema y evitar que arrestaran a mi tío. Esto nos permitió regresar a nuestro rancho, donde habían quedado todos nuestros bienes. Esta solución no solo evitó el sufrimiento continuo en ese lugar, sino que también nos brindó la oportunidad de retomar nuestras vidas y reconstruir lo que se había perdido durante ese período tumultuoso.

Dos después de dos años finalmente pudimos regresar las familias a nuestro rancho. Todos estábamos llenos de alegría y alivio al volver a nuestras vidas habituales. Sin embargo, para mí, comenzaría una nueva pesadilla, una serie de desafíos que me pusieron a prueba y me llevaron al límite.

Fue entonces cuando tuve que buscar dentro de mí la resiliencia necesaria para superar los obstáculos que se interponían en mi camino.En ese lugar, solo teníamos a un maestro que impartía clases únicamente para el primer grado. Todos los niños estudiamos con él, y muchos de nosotros repetimos el mismo grado durante varios años.

Fue en ese entorno difícil donde aprendimos lo básico de matemáticas, lectura y escritura. A pesar de las limitaciones, este maestro mostró un compromiso inquebrantable impartirnos su basicos conocimientos. para sentar las bases de nuestra educación.

Aunque la buena determinación de mi madre fue que yo estudiara clases más avanzadas, pero surgió un problema: la escuela con clases más avanzadas estaba a ocho kilómetros de distancia, y yo apenas contaba con 8 años de edad y tenía que enfrentar el desafío de hacer ese largo recorrido caminando solo.

Era una tarea ardua y aterradora para alguien de mi edad, pero la voluntad de mi madre y mi deseo de obtener una educación mejor me impulsaron a superar este obstáculo, Pronto llegaría mi primer día de clases, y con ello se apoderaron de mí el miedo la impotencia.Mi Mamá me llamó suavemente: "Hijo, ya es hora de que te levantes y te prepares para ir a la escuela. Es importante que llegues a tiempo.

Enfrentando La Incertidumbre

Salí de casa con un temor inmenso, además de la distancia y soledad del camino, abundaban las narraciones que las personas compartían. Una de estas historias se centraba en un punto particular del camino que debía recorrer: un nacimiento de agua conocido como el Barranquilla de los Lobos. Este lugar era famoso porque, generalmente, el agua fluía constantemente de él, creando un paisaje peculiar y atrayente para los Lobos que acudían a tomar agua ahí.

También en esa época, se hablaba mucho de los "perros del mal", que hoy sé que se refiere a la enfermedad de la rabia. Sin embargo, en aquel entonces, era común encontrar animales infectados con esta enfermedad. Los perros infectados deambulaban por cualquier lugar o camino, lo que representaba un riesgo constante para los viajeros y habitantes de la zona. La presencia frecuente de estos animales infectados contribuía a la sensación de peligro y cautela que acompañaba a cada paso en el camino.

Sin embargo, ante esta situación, no quedaba más opción que encomendarse a Dios y rezar con las pocas palabras que sabía, mientras realizaba los recorridos cotidianos. En un entorno donde los riesgos acechaban en cada esquina y los peligros eran parte del día a día, la fe y la esperanza en la protección divina eran las compañeras más fieles de mis viajes.

Mi problema empeoró cuando llegó el tiempo de que tenía que salir y regresar a casa oscuras, no entendía el motivo de ese cambio, pero por supuesto que mi miedo aumentó al salir de casa a oscuras y regresar igual, de noche por varios meses.

Transcurrió casi un año lleno de grandes desafíos para mí. Ya no tenía tiempo para jugar con mis hermanitos y primos. Mi niñez parecía haber desaparecido de la noche a la mañana, el niño que una vez fue feliz ya no existía. Todo se había vuelto muy diferente para mí, La alegría se desvaneció y fue reemplazada por una sensación de monotonía y desesperanza. Cada día se fundía con el siguiente en una sucesión monótona de rutina y desafíos, y la chispa de felicidad que solía iluminar mi mundo se había extinguido por completo.

Pero un buen dia me dice mi mama, nos vamos a ir a vivir todos para donde estas estudiando, la abraze y le dije qué gran noticia mamá, pues ello me regresaría la felicidad que había perdido, además ya no tendría que hacer ese recorrido

Aunque con ello vendrían otros problemas porque no teníamos a dónde llegar, pero una tía hermana de mi mamá vivía en ese lugar, fue la única opción que tuvimos, llegar con ella, Aunque pronto nos vimos obligados a mudarnos.

Para este tiempo mi situación con respecto a la escuela había mejorado considerablemente. Ya no tendría que enfrentar el temor y sufrimiento de aquel recorrido tenebroso que tanto me afectaba, mi situación emocional había mejorado considerablemente. Comenzaba a recuperar la alegría y la vitalidad que alguna vez caracterizaron al niño feliz que solía ser.

Todo estuvo bien por un tiempo, hasta que mis tíos se dieron cuenta de que mi papá no trabajaba ni hacía esfuerzos por encontrar un nuevo lugar para mudarnos. Ante esta situación, se vieron en la necesidad de pedirle a mi mamá que tomara la iniciativa y buscará un nuevo lugar donde pudiéramos trasladarnos.

Esta sería la primera vez que nos vimos obligados con mi mamá a conseguir casa a donde movernos, aunque fuimos desalojados, nuestra situación se complicó aún más debido a que no conocíamos dónde buscar un nuevo hogar. Además, carecíamos del dinero necesario para hacerlo, lo que añadía una capa adicional de dificultad a nuestra situación ya precaria.

La situación económica de nuestra familia había empeorado significativamente. Sin el respaldo de la familia extendida y especialmente sin el apoyo de mi abuela, que ahora comprendo que era el sostén de mi papá, nos encontramos en una situación difícil. La falta de apoyo financiero y emocional hizo que la carga fuera aún más pesada para nosotros, y enfrentar los desafíos diarios se convirtió en un verdadero desafío.

En ese lugar, la principal actividad económica era el cultivo de algodón. Afortunadamente, había mucho trabajo disponible, incluso para los niños. Un día, mi mamá me dijo que iba a ir a la escuela para ver si podían cambiarme al turno de la tarde, para que pudiera empezar a trabajar.

Así fue como comencé a trabajar por las mañanas, desde las 7 am hasta las 12 pm, y luego asistía a la escuela de 1 pm a 5 pm. Después de la escuela, me dirigía al cerro para buscar leña, asegurándome de que mi madre tuviera lo necesario para cocinar lo poco que teníamos para comer. Era una rutina agotadora, pero necesaria para contribuir al sustento de la familia y garantizar que todos tuviéramos algo en el plato al final del día.

Mi maestro me decía no faltes tanto ni llegues tarde tu eres de los estudiantes más aplicados, la verdad si me hubiera gustado seguir estudiando pero con tantas obligaciones me fue imposible, no tuve la oportunidad que hubiera querido

Ahí en el rancho también había dos señores panaderos, los cuales compraban leña para procesar/cocinar su produccion de pan de cada día, y los fines de semana me iba a recoger leña para venderla y así mejoraba un poco,nuestra crítica situación económica.

Recuerdo vívidamente que desde el cerro, donde iba a buscar leña, podía ver el campo de fútbol y escuchar las risas y los gritos de los niños mientras jugaban, llenos de alegría y felicidad.

En esos momentos, me preguntaba por qué ellos podían divertirse mientras yo no podía hacerlo. Era una sensación de envidia y tristeza, pero también me impulsaba a seguir adelante y trabajar aún más duro.

A menudo le preguntaba a mi mamá por qué mi papá no hacía nada para mejorar nuestra situación. Su respuesta era siempre la misma: "No sé, hijo". Nos abrazábamos y terminábamos llorando juntos, aunque ella sabía el motivo, nunca me lo decía. Esa sensación de desconcierto y frustración se apoderaba de mí, pero también me dejaba con un profundo anhelo de comprender lo que estaba pasando realmente en nuestra familia.

En este rancho, vivía un señor que desde que llegamos me trató muy bien. Siempre que me veía, me llamaba para platicar, y si estaba en la tienda, siempre me regalaba algo, ya fuera un pan o cualquier otra cosa. Siempre trataba de hacerme sentir especial y cuidado.

Ese señor fue la primera persona que sentí que me mostraba, no sé si era lástima o cariño, pero la verdad es que nadie antes había demostrado ese tipo de atención hacia mí. Esto me hacía sentir muy bien, aunque siempre me preguntaba por qué lo hacía.

También él fue una de las personas que más me ayudaron, me ofreció trabajo en sus cultivos. En fin, me trataba y veía de una manera que nadie lo había hecho antes. Así que estuve trabajando y estudiando tanto como mis obligaciones y el tiempo me lo permitían.

Cuando llegaba a casa, le comentaba a mi mamá lo amable que era ese señor conmigo. Mi mamá simplemente me respondía: "Así son algunas personas, hijo". Sin embargo, con el tiempo descubrí que había una razón detrás de su actitud, y esa razon mi mama si la sabía, pero claro no se atrevió a hablar de ese tema conmigo. no en ese momento.

Así estuvimos en ese lugar, con muchas cadencias, sobreviviendo a todos los desafortunados eventos que cotidianamente enfrentamos, durante un buen tiempo, hasta que un día la desdicha volvió a manifestarse, pero esta vez con mayor agresividad. y con resultados catastróficos.

Éxodo De Emergencia

Un tiempo después una noche en el mes de diciembre llegaron buscando a mi papá, su hermano menor en compañía de un un amigo de ellos, pero mi papá no estaba en casa y mi tío nos indicó que teníamos que salir de ahí

Así lo hicimos abandonamos la casa y nos fuimos con ellos,al siguiente día se supo que hubo una kermés en el rancho y que en una pelea mi tío el mayor, y otras personas fueron heridos por arma de fuego entre ellos mi tío el mayor.

Aunque mi tío menor no asistió a la fiesta, su preocupación por la integridad de su hermano mayor lo mantenía inquieto. Conocía el temperamento volátil de su hermano mayor y, por eso, no lograba encontrar tranquilidad. Una inquietud se apoderaba de él, como si presintiera que algo malo estaba por suceder.

El presentimiento de mi tío se materializó poco tiempo después. De repente, en medio de la música artesanal del baile, comenzaron a sonar disparos de diferentes calibres. Pocos minutos después, un amigo de la familia llegó buscando a mi tío y le informó que había un altercado en el baile y que su hermano estaba involucrado, posiblemente herido.

Sin perder tiempo, mi tío agarró su escopeta y corrió a socorrer a su hermano. Al llegar, encontró a su hermano gravemente herido, pero aún disparando y recibiendo disparos desde donde estaba tendido. Gracias a la intervención y apoyo decidido de mi tío, su hermano logró sobrevivir, aunque en condiciones de salud sumamente delicadas.

Después que se tranquilizaron las cosas, mi tío se lo cargó en hombros y lo llevó a un cerro para resguardarlo dicen las personas vecinas del rancho, que aunque mi tío estaba en un lugar lejano en el cerro, que hasta ahí al rancho se escuchaban los quejidos y gritos de dolor,se escuchaban los quejidos y gritos de dolor, así estuvo hasta las 2:00 Pm del siguiente dia que fueron los soldados a rescatarlo y llevarlo al hospital en calidad de detenido.

Al dia siguiente llego mi papá a casa de su viaje, y me dijo, tu y yo ya no devemos dormir aquí en casa, vamos a tener que irnos a dormir fuera, le pregunte pero a dónde nos vamos a ir a dormir, me contestó vamos a ir a al Panteón.

De momento creí que nada más lo había dicho por asustarme, pero para mi sorpresa fue verdad cuando salimos de casa y vi que íbamos camino hacia el panteón, le pregunté ¿es serio? y me dijo que si vamos huyendo de los vivos y la gente que está en el panteón no nos harán ningún daño.

En el rancho, las tumbas no eran numerosas y la mayoría consistían en montículos de tierra con cruces simples. Solo había unas pocas con lápidas de cemento. Comenzamos a buscar dos tumbas con lápidas de cemento que estuvieran próximas entre sí.Sentía un terror escalofriante al tener que dormir en ese lugar, lo que me brindaba un mínimo de seguridad era acostarme lo más cerca posible de mi papa.

Así fue que estuvimos durmiendo en ese lugar como por tres semanas, aunque la verdad no recuerdo haber dormido por el miedo, ya en el día nos íbamos ambos a trabajar, recuerdo que a partir de esa fecha, incluso estando en el trabajo, mi papá me dijo tu no te partes este rifle M1, y me dijo si ves que algo me pasa a mi tu corre y vete lejos.

La verdad es que ahorita me acuerdo de como fue mi infancia y adolescencia, y me pregunto cómo fue que pude pasar por todo eso si apenas tenia poquito más de 11 años de edad, pero si asi fue asi me toco vivir no tuve opciones.

Unas semanas después llegó una camioneta a nuestra casa a las 12 de noche de forma anónima y apresurada para sacarnos del rancho a toda la familia, todos nerviosos salimos al camino, y después de varias horas por terracería llegamos donde ya nos esperaba mi papá a las afueras de una ciudad.

Unos días después llegábamos a nuestro destino en donde ya nos esperaban las familias de mis otros tíos, de momento me alegré mucho porque estaríamos todos juntos nuevamente, aunque la tristeza desesperanza estaba presente.

Inmediatamente a buscar trabajo, casa y todo lo que implicaba la supervivencia, ahí se cultivaba el tabaco temporalmente, afortunadamente llegamos precisamente con la temporada de trabajo en los campos, Lo mejor de todo fue que también se permitía trabajar a los adolescentes, así encontramos ocupación.

En ese tiempo también llegó al lugar un señor que fabricaba y reparaba calzado, y como se instaló frente a nuestra casa empecé a visitarlo frecuentemente hasta que poco tiempo después terminé siendo su ayudante.

Después de un tiempo mi papá llegó a un acuerdo con los familiares de las personas afectadas en el pleito con mis tíos, Convenciendolos que no tomaran represalias contra nosotros argumentando es que él no participó en el desafortunado evento, así fue que aunque con muchas condiciones, pudimos regresar al rancho.

De Regreso a Las Cicatrices

Dos años después ya estábamos de regreso en nuestro lugar de origen, fue volver a ver familiares personas queridas y experimentar mi cultura nuevamente, eso si a lo mismo,   buscar donde vivir y trabajo, la misma historia por la que ya había pasado anteriormente en varias ocasiones.

Para ese tiempo, yo ya tenía 13 años de edad y me sentía menos vulnerable. Empecé a hacer amigos, que afortunadamente me brindaron mucho apoyo moral. En algunas ocasiones, también recibí ayuda económica de ellos.

Aunque regresaba a realizar las mismas tareas que anteriormente, cómo trabajar y recoger leña, mi situación emocional había cambiado. Ya estaba más grande y maduro. Además, para este tiempo, mi hermano menor ya me acompañaba al cerro para recoger leña, lo que me brindaba compañía y apoyo en las labores cotidianas.

Una vez instalados allí, no pasó mucho tiempo antes de encontrarme nuevamente con aquel hombre del que les hablé anteriormente. Rápidamente reactivamos la buena relación que tuvimos cuando vivíamos allí anteriormente.

Este señor otra vez me ofreció trabajo, también ahí en el rancho tenía a su familia su esposa y varias hijas pero no hijos varones, a veces me llevaba a su casa e invitaba a comer, así fue que conocí a toda su familia.

También tenía bastante ganado y en ocasiones me invitaba a llevarles alfalfa o simplemente a checar si todo estaba bien con el ganado, tiempo después me enseñó a conducir en su camioneta, también en ocasiones me invitaba a lugares cercanos a los cuales iba, y me pedía que lo acompañara.

Así transcurrió un buen tiempo pero para mi ya era menos pesada la carga de losa sobre mis hombros, puesto que había encontrado apoyo en esa persona y en mis amigos durante este tiempo Me Sentirte respaldado a la vez hizo que mis problemas parecieran menos abrumadores y que los viera desde una perspectiva diferente.

El apoyo emocional y la compañía de quienes nos rodean pueden ser fundamentales para atravesar momentos difíciles y encontrar fuerzas para seguir adelante, Pero en un lugar tan pequeño la gente se entera de todo lo que ahí está pasando, y comenzaron a hacer comentarios sobre esta relación que para mi era simplemente profesional.

En estos entornos pequeños, las noticias y los chismes tienden a propagarse rápidamente, y así fue que la percepción de otros no coincidiera con mi percepción.Un buen día estando trabajando se me acercó un señor y me preguntó ¿sabes por qué este señor es tan bueno contigo?

Le contesté, yo no sé nada sólo sé que es mi patrón y es muy buena persona conmigo, fue entonces que me enteré de la causa por la desafortunada situación de nosotros que había iniciado mucho tiempo antes que yo naciera.

Me pregunto si no te molestas si te cuento una historia que sucedió hace ya muchos años?Le digo claro que no,, me dice 'Esta historia está muy relacionada con la buena relación que mantienes con ese señor, y porque es   tan amable contigo,un poco molesto le conteste, está bien platiqueme de que se trata.

Revelaciones Ocultas

Me dijo lo que te voy a plicar es una historia que les sucedió a este Señor hace varios años, y tiene mucho que ver con el afecto que te tiene a ti, me dice este señor tenía a su novia, pero ella vivía en el mismo rancho donde tu naciste, sin embargo el vivia aqui en este rancho donde estamos ahora, pero este señor tenia un amigo que tambien vivia en el mismo rancho que su novia, y ocasionalmente le mandaba recados a su novia con el, me dice, aunque ese amigo aprovechó la amistad tomando muy malas decisiones.

Aunque también en el amigo tenía a su novia, y disfrutaba de los placeres del amor como todo joven. Tenía sus romances apasionados y cultivaba amistades con amigos selectos, fue precisamente por esta amistad que se convirtió en una oportunidad para cometer un acto despreciable, aprovechando la confianza y la cercanía que tenía con este amigo para llevar a cabo un acto de robo, secuestrando a la novia de este señor .

La desafortunada decisión del señor dejaron secuelas emocionales no solamente a los involucrados, también a sus familias, y terceras personas que nada tenían que ver en este caso, la única razón fue solamente por haberse cruzado su camino, ya que a pesar de tener una novia, la influencia y la confianza que tenían con su amigo desafortunadamente condujeron hacia las desastrosas consecuencias. Las malas decisiones del señor no solo afectaron su vida personal, sino que también dejaron secuelas emocionales en terceras personas que, lamentablemente, se encontraron en su camino en el momento equivocado.

Preludio Del Desastre

Según la historia un día este amigo fue a buscar a la novia de este señor y le dijo que su novio lo había mandado por ella, para llevarla con él, y como ella sabía que ellos dos eran amigos le creyó y se fue con él a lo que ella creía sería el encuentro con su novio, pero todo era una mentira, nadie lo mandado.

La inocente novia cayó en la trampa no advierto la traición, hizo caso a su corazón mas no a la razón, aquí iniciaba la desolada vida no nada más de la señora, pero también de este señor, ya que ellos tenían planes de casarse en el futuro.

Cuando la novia se dio cuenta de que era una trampa, ya era demasiado tarde; estaban muy lejos del rancho. Además, su familia ya se había enterado de su fuga y, lógicamente, no se lo perdonarían.En aquellos tiempos, era considerado un deshonor para toda la familia. Así que no tuvo más opción que seguir con él hacia un lugar desconocido y distante, donde tuvieron que caminar durante muchas horas entre cerros y montes.

Así comenzaba una desgarradora historia para las tres personas involucradas, y así fue que la señora, no nada más perdió a su novio, sino que tuvo que vivir y darle hijos a un hombre que no significaba nada para ella, excepto repudio y desprecio por todo el dolor que le había causado.

Me dice que dos años después de todo lo sucedido nace una niña. Se detuvo un poco y me miró fijamente, luego me dijo: "Y un año después naces tú". Yo, molesto, le contesté: "¿Cómo? ¿Yo qué tengo que ver en esa historia?"me respondió: Es que los Novios de la Historia son este Señor y tu mama, le digo pero como entonces el amigo que ocasionó todo esto es mi papa?

Me contesto si: 'Y esa debe de ser la razón por la cual tu papá está tan desligado. Él sabe que lo que hizo estuvo muy mal. Incluso debe sentirse rechazado por tu mamá. Por eso actúa como si no le importaran ustedes , para hacerle más daño a ella.

Lógicamente después de escuchar esta historia fui y le platiqué a mi mamá todo lo que este señor me había contado, para mi sorpresa me dijo mi mamá que sí que todo era verdad, yo me quedé muy confundido con muchos sentimientos encontrados, no sabía qué decir, porque a la vez también sentía pesar por ese señor.

Desde ese día empecé a valorar todavía más a mi madre, porque a pesar de todo lo que tuvo que vivir y darle hijos a un hombre que nunca quiso, además le daba muy mala vida, mi madre siempre fue una maravillosa madre con sus hijos

También por ese señor sentía algo especial, entre cariño y pesar, en fin algo feo porque a pesar de lo que mi papá le hizo, todavía seguían siendo amigos ellos, incluso en alguna ocasiones mi papá también trabaja para él. Independientemente de lo que mi papá le había hecho a ese señor, él siempre se portaba muy bien con nosotros,

Así estuvimos sin cambios importantes, varios años tampoco esperanzas a nuestra desolada situación, me sentía como un paisaje árido sin esperanza, donde la vida apenas puede aferrarse, pero a la cual muy a mi pesar ya me había acostumbrado.

Fue precisamente en este tiempo que decidimos con amigo, como pasatiempo aprender a tocar la guitarra, poco después otro muchacho se integró a nosotros empezamos a tocar los tres , después decimos jugar a formar un grupo musical integrando otro compañero, el cual tendría que aprender a tocar la batería desde cero, este sería el inicio de un sueño ambicioso y muy bonito.

Después ya estábamos tocando como grupo musical en las rancherías cercanas, cada vez con más trabajo a medida que nos hacíamos populares en casi toda la región del municipio, una experiencia emocionante mientras la popularidad del grupo musical crecía cada día más y más, hasta aquí todo estaba bien.

Pero recuerdo que mi papá siempre me decía que nunca fuéramos a ir a trabajar a cierto lugar que por ningún motivo fuéramos a ir, por los menos que yo no fuera, decía que era muy peligroso no para todos.

Sin embargo un día que mis papas tuvieron que salir de emergencia del estado por unos días, este fin de semana nos llegó un contrato del lugar al cual mi papá no quería que fuera, pero como mi papá no estaba yo estaba muy indeciso en ir,pero no faltó quien me dijera vamos hombre no pasara nada, tu papá ni se va enterar.

Finalmente me decidi a acompañarlos, aproveché para desobedecer a mi papa me fui a la presentacion con mis compañeros, desde que salimos de casa fue una tortura emocional, pues en esos tiempos las ordenes de los papas si se respetaba, yo sabia sabia que hice mal en ir.
Para mi desgracia pocos minutos después de iniciar nuestra presentación, dos jovencitos se acercaron con una actitud agresiva y comenzaron a insultarme sin razón aparente. Su comportamiento me tomó por sorpresa, ya que no estábamos haciendo nada malo ni fuera de lo común.

A pesar de la incomodidad que sentí, decidí ignorarlos y continuar nuestra actuación. Fue un momento desafiante, pero opté por enfocarme en mi trabajo y no permitir que su actitud negativa afectará nuestra presentación.

El problema empeoró cuando de pronto llegó un señor ya tomado sacó su pistola, y la acercó a mi frente, me preguntó, qué andas haciendo aquí? le conteste trabajando señor, me preguntó, no sabes qué fue lo que le hizo tu familia a la mía? le contesté no señor.

Yo temblaba de miedo, aunque sí sabía a lo que se refería, pero lógico no le iba a contestar lo que él quería escuchar, en ese momento me acordé y pensé, cuanta razon tenias papa en prohibirme venir a este lugar, deseando fervientemente no haberlo desobedecido.

Estaba arrepentido de haber desobedecido a mi papá, pero ya nada podía hacer, para mi suerte se acercó un tipo de autoridad rural llamada Defensa Rural, gracias a dios lograron calmarlo a la vez me salvaron la vida, aunque lógico seguir trabajando así ya no era seguro, abandonamos el lugar apresuradamente.

Aunque acordamos con mis compañeros del grupo mantener el suceso en secreto, No faltó quien les platicara a mi papá y a mis tíos lo sucedido ese día, y aunque mis tíos vivían a una distancia considerable en otro Estado, no pasó mucho tiempo cuando llegarona a nuestra casa, iban decididos a regresar mi gran susto al señor.

Pero yo estaba muy ilusionado con el grupo. Aunque llevábamos poco tiempo integrados, había mucho trabajo y oportunidades. Tuve que importarles a mis tíos que dejaran las cosas así, que no hicieran nada para poder seguir adelante con mis sueños .gracias a dios cedieron a mis súplicas.

Sin embargo, para seguir trabajando, tuve que aceptar una serie de condiciones impuestas por mi papá y tíos. Aunque al principio me parecieron muy excesivas, entendí que era muy necesario para mantenernos a salvo y evitar futuros problemas. ademas la unica manera de seguir con mis sueños

Decidimos ser más cuidadosos en nuestras actuaciones, evitando visitar lugares en los que pudiera estar en riesgo nuestra seguridad, Después del evento aprendimos la lección y nos comprometimos a no volver siquiera cerca del lugar. Fue una lección que no queríamos repetir, en esta ocasión estábamos dispuestos a hacer lo necesario para asegurarnos de ello.

Precisamente en ese tiempo fue que se savia y escuchaba de personas de personas que iban a trabajar a Estados Unidos, y mandaban mucho dinero a sus familias, A medida que las personas emigraban, se volvía palpable su progreso económico, manifestándose en la adquisición de bienes antes inalcanzables para ellos, Contemplar cómo aquellas personas que emigraban alcanzaban un progreso financiero tangible fue precisamente lo que nos impulsó a seguir sus pasos. Comprendimos que esa sería la única opción para mejorar nuestra precaria situación.

También en este tiempo llegó ahí al rancho, una familia que iba de Estados Unidos, llegaron a visitar a sus papás que por cierto vivían muy cerca de donde nosotros, con ellos también iba un hijo como de unos 20 años de edad, y llevaba un carro Mustang Mach 1 color rojo muy bonito, Como el vehículo siempre estaba estacionado en la calle, estaba muy accesible para observarlo diariamente, lo que alimentaba mis ilusiones, recuerdo que le dije a mi mamá, un día yo me voy a comprar un carro as como ese, mi madre nada más sonrió.

Luces De la Decisión Correcta

Cuando cumpli 18 años de edad, le dije a mi mama tambien yo me voy a ir para el Norte, se sorprendió y me dijo no tu no tienes dinero para irte, tampoco quien te ayude allá para que pague tu pasada, le dije de alguna manera le voy hacer, porque la verdad ya estoy cansado de andar de casa en casa, yo te   cumplire tu sueño, tengo que comprarte una casa

Así fue que un día con mis   amigos del grupo, tomamos la decisión y salimos con rumbo a Estados unidos, más nerviosos que contentos, después de tres días de camino en Autobús, llegábamos a la ciudad de Tijuana, donde por supuesto tendríamos que buscar El Coyote que nos cruzaría para Estados Unidos, lógicamente tratábamos de buscar alguien quien fuera seguro, para no batallar mucho en cruzar la frontera, sin embargo no fue fácil porque no fue sino hasta después de Cuatro intentos fallidos.

Aquí enfrenta otro problema muy grave, porque ahí el Coyote me pedía el número telefónico de mi familiar que pagaría por su trabajo, el problema fue que yo no tenía a nadie que respondiera y/o pagara por mi pasada.

Ya cuándo un familiar de mis amigos fue a pagar y llevarlos, mis amigos le dijeron de mi situación, entonces él les dijo a los coyotes, que me dejaran ir también por el mismo dinero, lógicamente no aceptaron y empezaron a discutir.

Lo que hicieron los coyotes fue separarme del grupo, y me llevaron a un cuarto separado, e Iban al cuarto donde yo estaba y me amenazaban que me iban a regresar a Tijuana, por qué no les había dicho que no tenía quien respondiera.

Para mi fortuna después de mucho de discutir entre ellos lograron un acuerdo, finalmente quede en libertad, aquí terminaba otra Odisea, no menos desagradable que las que muchas veces ya había afrontado.

Afortunadamente mis amigos tenían muchos familiares en el área de Los Ángeles, y a donde ellos iban, iba yo estaba incluido, Ya estando en Los Angeles, buscamos quien nos ayudará para comprar los instrumentos musicales, porque veníamos el grupo completo para empezar a trabajar inmediatamente pero no contábamos con los instrumentos logigico tampoco con trabajo.

También me dediqué a buscar trabajo, sabía que mi familia estaba esperando mi ayuda económica, pero no fue fácil aunque me sumergí en la búsqueda incansable de empleo sin embargo, el camino hacia el trabajo parecía esquivo.Fue en medio de esa búsqueda cuando alguien generoso y bienintencionado, cruzó mi camino.

Un día, me recomendó con su supervisor en su lugar de trabajo y gracias a esa generosa recomendación, finalmente conseguí trabajo.Empecé trabajando como barrendero con mucho empeño y disciplina, pero sobre todo con mucha necesidad, me urgía mandarle dinero a mi madre, sabía que yo era su única esperanza y apoyo, ellos nada más contaban conmigo.

Aires De Satisfacción

Después de un tiempo, logramos encontrar a una persona que nos avalara para comprar los instrumentos. Afortunadamente, después conseguimos trabajo en un Nightclub/Salón donde empezamos a tocar. Este nuevo empleo no solo nos brindó una oportunidad para demostrar nuestro talento musical, sino que también nos permitió ganar experiencia y reconocimiento en la industria del entretenimiento nocturno. Estábamos agradecidos por la oportunidad y estábamos decididos a aprovecharla al máximo.

Así estuvimos tocando en ese lugar aunque yo tambien en mi trabajo, yo estaba super contento porque aunque trabajaba mucho, me sentia feliz de poder mandarle dinero que tanto necesitaban mi mamay hermanos.

Un día me dice mi supervisor se ve que traes muchas ganas de trabajar, voy a buscarte un mejor puesto con más responsabilidades pero que ganes un mejor sueldo, así pase de barrendero a Montacarguista, despues a chofer de la empresa.

Recuerdo un dia el dueñode la empresa me mando a lavar su carro, cuando terminaron de lavarlo fui a recogerlo pero no me lo querían entregar, Me veían muy poca cosa para traer manejando un carro ROLLS ROYCE del año, aunque yo tenía el recibo comprobante donde pague del servicio, decidieron llamar a mi patrón para verificar si en verdad el me mando a lavarlo.

Asi fue que en poco tiempo fui escalando posiciones, pasando se ser un empleado comun a un empleado de confianza de la empresa donde el trabajo arduo fisico habia sido reemplazado por uno donde se tenia que delegar personal y que tomar desiciones inportantes.

Un año después le dije a mi mamá te acuerdas que te prometí que yo te compraría tu casa, pues ya llego ese tiempo ve buscándola, asi gracias a dios pude cumplir mi promesa DE COMPRARLE SU CASA A MI MADRE.

Después de cumplirle la promesa a mi mama, faltaba la mía, el Mustang Rojo que había llegado al rancho, del cual me hice la promesa comprarme uno como ese, en ese tiempo estaba de moda un carro Firebird Trans Am con una Águila en el cofre, uno de esos me compre por supuesto color rojo.

Con paso del tiempo mi hermano menor también se vino conmigo, yo estaba ilusionado porque pensé, entre los dos nuestra economía se reforzaría, pero no fue así, tenía otras prioridades, pronto se casó, tiempo después se hizo adicto y ya no me salieron las cosas como yo las hubiera querido.

Dos años después también mi otro hermano más chico se vino, en ese tiempo apenas tenía 17 años, él era muy serio y trabajador pero como siempre no faltan las malas compañías y malas decisiones ya que conoció a una mujer poco mayor a el, y empezaron una relación, el problema fue que ella era adicta y con el tiempo mi hermano también empezó consumir droga, ahí practicante perdía a mis dos hermanos.

Seguir luchando yo solo como siempre, pues ya no podía contar con su apoyo, sin embargo ahora tenía la preocupación por ellos, porque por mas que quise ocultarle a mi mama lo de su Adicción, no faltó quien le platicara del problema, su preocupación por ellos aumentó, me decía tu cuidalos hijo, hay te los encargo.

También en este tiempo y después de 10 años, de no vernos,volvimos a encontrarnos con mi tío mayor y tres de sus hijos mayores, alguien le dijo que yo podía acomodarlos a trabajar ahí conmigo, y un día llegaron buscando trabajo.

Ahí estuvieron trabajando por un buen tiempo, después se fueron y perdí todo contacto con ellos, ya no volvimos a vernos, pero esta vez ya fue definitivo, nunca más nos volvimos a reunir o visitarnos para nada, yo seguí mi vida solo como lo asia antes, al fin y alcabo ya estaba acostumbrado así.

Tres años después fui a visitar a mi prima, hija de mi tío el mayor ya que ella también vivía en Los Ángeles, mi sorpresa fue grande después de estar un rato ahí, salieron dos personas del sótano de la casa de mi prima, aunque yo no los conocía no dije nada, pero mi prima nos presentó y resultaron ser mis primos hijos de mi otro tío.

Aquí ocurrió lo mismo también los acomode a trabajar, y poco después llegó su papá, mi tío, con el resto de su familia, también mi tío empezó a trabajar con nosotros, y por primera vez me sentí afortunado y en familia después de mucho tiempo.

Desafortunadamente no pasó mucho tiempo cuando les empezó a entrar la melancolía de la distancia, y lo que contrae el vivir en un país con diferente idioma y costumbres, empezaron a hacer planes para regresar a su bella Guadalajara, así quedaba solo una vez más.

Pero con esta familia si hicimos muy buena coneccion, porque algunos de ellos siguieron regresando a USA y llegaban conmigo, con el tiempo yo logré convertirme en residente legal de este país, y por fin después de muchos años de no ver a mis papás y hermanos, pude regresar a México a visitarlos , y pasar un tiempo con ellos. También unos años después logré legalizar a mis Papás y algunos de mis hermanos, así fue que con el tiempo toda la mi familia resultó viviendo en este país, aunque en un lugar diferente a donde yo vivía, eso sí ya más cerca de mí.

Cambios De Horizontes Laborales

Mi vida seguía su curso yo seguía trabajando, pasaron mis primeros 10 años en este país, este tiempo yo ya estaba más tranquilo, mi situación económica había mejorado mucho, ya no había tantas carencias.

En este tiempo también las empresas estadounidenses comenzaron a abrir sucursales de fabricación en Tijuana, México, y nuestros empleadores decidieron seguir el mismo ejemplo. En poco tiempo, ya estaban instalando unas plantas de fabricación en la frontera también, aprovechando las oportunidades que ofrecía esta nueva tendencia de expansión empresarial.

La empresa decidió encomendarme una nueva misión laboral que requería trasladarme a otro destino. Mi vida profesional se tornó en un viaje inesperado, y en poco tiempo me encontré empacando mis pertenencias para emprender una nueva etapa en un lugar diferente. La noticia de la reubicación resonó en mí como un desafío emocionante y a la vez desconocido. Con maletas llenas de expectativas, me dirigí hacia el horizonte de oportunidades que mi empresa me estaba brindando, listo para sumergirme en un capítulo inexplorado de mi vida.

Tras toda una década de ardua dedicación y buenos resultados en mi trabajo, un giro inesperado marcó un hito en mi carrera. El propietario de la empresa, quien había sido el timón de nuestro éxito, cayó enfermo de manera repentina. Ante esta situación, se vio en la necesidad de delegar la toma de decisiones a alguien de confianza para mantener la estabilidad y el rumbo de la compañía.

Esta situación sería el final de una gran empresa, a la cual le tenía mucho cariño, ya que aquí se empezaron a cumplir mis más anhelados sueños, además era el único lugar en donde había trabajado por 20 años consecutivos de mi vida. Un día dicha persona llegó a la empresa muy altanero, aunque él no sabía nada del proceso de nuestra producción, llegó con la idea de cambiarlo por uno automatizado, según él, haría la producción práctica y más eficiente.

Desafortunadamente, las cosas no salieron como se esperaba. Los empleados no estaban satisfechos con la forma en que esta persona dirigía la empresa y el trato que recibían, lo que desencadenó una huelga. El problema se salió de control rápidamente, y un mes después, el sindicato tomó el control completo de la empresa. De repente, de la noche a la mañana, mi trabajo, ilusiones y esperanzas se desvanecieron por completo. Era un golpe duro e inesperado que dejó un vacío y una sensación de incertidumbre en mi vida.

Así que de la noche a la mañana se terminaron trabajo, ilusiones y esperanzas, quedé bastante afectado emocionalmente, ya que este fue mi primer y único trabajo, no sabía qué hacer, sentí que mi futuro era incierto,Se me hacía imposible empezar de cero nuevamente, pensé tratar de acomodarme en otra empresa en Tijuana, Regresar nuevamente para Estados Unidos, y buscar trabajo alla una vez más,, en realidad estaba frustrado y confundido.

Afortunadamente también en ese tiempo conocí a una maravillosa mujer, con la cual empezamos una relación muy bonita y que siempre me brindo su apoyo al 100%, ella fue un pilar muy importante en mi tiempo de frustración y mi duelo laboral.

Como en ese tiempo mis papás y hermanos ya vivían en Estados Unidos, para ser exactos en San José California, yo veía como opción irme a encontrar con ellos, y buscar un trabajo ahí, y eventualmente quedarme a vivir en esa ciudad.

Pero como estaba muy ilusionado con esta mujer que recientemente había conocido, platicamos con ella y buscamos varias opciones, al final decidimos que sí, que lo mejor era que yo regresara para Estados Unidos.

Cuando llegué a San José, me encontré con un amigo el cual trabajaba en una compañía de poda de árboles, y me dijo vente a vivir para acá, yo sé mucho de esta industria, tú y yo podemos poner una compañía y trabajar por nuestra cuenta, me dice este negocio es muy rentable.

Como yo estaba buscando empezar de nuevo no lo pensé mucho, empecé a acompañarlo a su trabajo para aprender cuál era el proceso, así poco después entendí que si era rentable y quedé convencido de hacerlo.

Empecé a asistir a la escuela para aprender lo necesario y legalizar nuestro proyecto, sacar permisos aseguranzas, tiempo después iniciamos la profesión de podadores de Árboles, aquí iniciaba una esperanza para mi futuro.

Durante ese período, viajaba semanalmente a Tijuana para pasar tiempo con mi pareja, mientras seguía trabajando, Esta era la rutina continua durante aproximadamente seis meses. Durante este tiempo, mi pareja quedó embarazada de nuestro primer hijo.

Fue entonces que decidimos que lo mejor sería que ella también se trasladará a California, me atormentaba el pensar que en su estado llegase a sentirse mal de salud y no estar presente para apoyarla, fue una decisión que tuvimos que tomar de imprevisto pero necesario.

Logros Destacados

Después de un tiempo nació nuestro primer hijo, Aquí iniciaba mi nueva aventura ahora como papá, con la promesa de que a mis hijos no les faltaría nada ni pasarían por todas las calamidades y sufrimientos que yo tuve que pasar toda mi niñez y adolescencia, así fuimos disfrutando su niñez cada dia y cada etapa de su crecimiento hasta hoy dia.

Para nuestra fortuna nuestro hijo es muy talentoso y buen estudiante, por esa parte no batallamos como papás con él, porque siempre fue muy aplicado y disciplinado en todos sus grados escolares, ocasionando conseguir ayuda y promociones de las mismas escuelas en las que estudiaba.

Siete años después nació nuestro segundo y último hijo, gracias a dios también es muy talentoso, dice que quiere ser igual o mejor que su hermano mayor, como aprendió a tocar la guitarra,   dice que   quiere ser Rockstar/ Estrella de Rock.

Afortunadamente él también va por el mismo camino de su hermano, tiene buenas calificaciones en la escuela, estudia en las mismas escuelas y programas por los que su hermano mayor pasó,   le pido a dios que él también llegue a su meta.

Para ayudarlos a aprovechar sus cualidades, mi esposa y yo decidimos que ella se dedicaría a   llevarlos y recogerlos de la escuela, para darles atención y estar más tiempo con ellos, creemos que esto nos a dejado buenos resultados

Cuando llegó el momento de que mi hijo mayor aplicará para ir a la universidad, por fortuna fue aceptado en la Universidad del Sur de California (USC) en Los Ángeles, Una de las universidades más prestigiosas del país, Obtener una aceptación en una institución de ese calibre es un logro notable y un testimonio del arduo trabajo y dedicación de mi hijo, y en donde gracias a dios exitosamente se graduó de psicólogo.

Yo me siento bendecido con su logro, pues esta siempre ha sido mi meta, que la historia de ellos no precisamente tiene que ser como la mía, porque sé que cuando el libro de mi vida se cierre, mis hijos serán el capítulo más bello.

Mi vida no ha sido nada fácil, pero no he dejado de luchar Cada día, sé que hay muchas otras personas como yo en el mundo, luchando por un mejor futuro, por salir de una situación difícil , yo les digo adelante si se puede.

Yo sigo trabajando y luchando ya por 45 años consecutivos día a día sin parar, para poder sacar a mi familia adelante, con mucho honor y orgullo, mi idea sigue siendo que en tus manos está cambiar el rumbo de tu vida y futuro.

Todos Mis logros se los debo a mi madre, porque a pesar de su situación, ella nos cuidó y protegió como toda madre lo hace con sus hijos, y aunque sufrí mucho, ahorita estoy seguro que eso fue lo que me hizo, lo que hoy en día soy.

Con respecto a mi padre, no soy nadie para juzgarlo, porque aunque no lo demostraba se que sufrió mucho, me imagino con la inseguridad que toda su vida vivió, se que nunca fue feliz, recuerdo mucho una frase que él siempre decía. (Yo me voy a morir sin saber cómo se sienten Tres cosas en la vida)
Decía yo nunca he sabido que son,
¿Qué es el amor, que es el cansancio y el miedo?

Con el tiempo experimentamos una transformación muy notable en su actitud. Se convirtió en un padre ejemplar mucho más humano y cariñoso, especialmente con sus nietos. Cuando contábamos a los nietos sobre la diferencia entre cómo era como padre con nosotros y cómo es ahora como abuelo, les resultaba difícil creerlo. Para ellos, el abuelo amoroso y dedicado que conocen es difícil de reconciliar con la imagen del padre que nosotros les describíamos.

Unos años después mi papá se enfermó y estuvo batallando varios años, afortunadamente todos sus hijos estuvimos apoyándolo hasta los últimos días de su vida, su cambio de actitud borró de nuestras mentes las desagradables experiencias y resentimientos hacia él.

Por su parte mi mamá nunca superó toda la desdicha que a lo largo de vida mi papá le ocasionó, en consecuencia nunca lo perdonó aunque él ya estaba viejo y cansado, yo veía que mi mamá no tenía ninguna compasión por él, lógicamente a mí me dolía verlo enfermo e indefenso, sentía mucha compasión por el.

Después que mi papá falleció yo le dije a mi mamá tenemos que buscar ayuda sicologica para ti, tu necesitas sanar ese dolor y rencor de tantos años, que por mucho tiempo tanto te han dañado, le digo, ya veras que con terapias te sentirás mejor y vivas más tranquila, sin tanto resentimiento y dolor.

Pronto le agendaron una cita y la empeze a llevar a sus terapias, recuerdo que después de su segunda terapia me dijo que razón tenias hijo, no sabes lo diferente que me siento ahora, ya no siento tanto rencor y me siento mas liviana.

Un año después que falleció mi papá, llega la pandemia COVID 19, desgraciadamente mi mamá fue contagiada por uno de nosotros, yo estaba muy preocupado por su salud, como no podíamos acercarnos a ella, le llamaba para saber como se sentia, me decía que nada mas sentia un pequeño malestar en el cuerpo, pero que no le faltaba el aire.

Pero cuatro días después de dar positivo, me llama mi hermana gritando, vine el cuarto de mi mama para ver como esta, y la encontré tirada en el piso, creo que no respira, le dije llama a emergencias para que manden la ambulancia yo ahorita voy para allá.

Cuando llegué ya se la habían llevado al hospital lo peor fue que ya no pudimos verla, no había permiso para entrar en el área donde la tenian, ahi estuvimos sus hijos en el hospital dia y noche, esperando noticias de los doctores, como a la semana nos reunieron a todos sus hijos nos dijeron que ya habían hecho todo lo humanamente posible por ella, pero que no respondia a ningun tratamiento y/o medicina, nos dijeron que deberíamos considerar en desconectarla.

Lógicamente hubo diferentes opiniones entre nosotros los hermanos, unos estaban de acuerdo otros no, días después aceptamos que fuera desconectada con la condición que nos dejaran verla, fue triste porque solo pudimos verla a través de un vidrio desde afuera del cuarto donde ella estaba, pero debido a su condición de salud ya no pudo darse cuenta de nuestra presencia, ese mismo día fue desconectada, y ahí terminaba el sufrimiento de tantos años de mi madre.

Al mirar hacia atrás, reflexiono de cuánto se sacrifico, y sufrió mi madre por nosotros sus hijos, soy un ferviente testigo de su triste trayectoria en esta vida, Porque ella no nada mas es mi madre, también fuimos muy buenos amigos, en tre ella y yo no teníamos secretos, había tanta confianza entre nosotros que todo nos lo contábamos.

Hoy en día, me doy cuenta de que hemos crecido como individuos y como familia. He aprendido a encontrar la luz en medio de la oscuridad, a valorar cada pequeño triunfo y a abrazar la resiliencia que me ayudó a salir adelante. Nuestra historia no es solo sobre el sufrimiento, sino también sobre la fuerza interior que nos llevó a la superación.

Por su parte, mi padre cometió errores similares a los de mi tío, encontrándose repitiendo patrones. A medida que observaba las consecuencias devastadoras que las acciones de mi tío tenían en nuestra familia y en terceras personas, mi padre, en lugar de aprender de sus errores, se vio atrapado en un ciclo de decisiones equivocadas y mal intencionadas. Sus acciones no solo trajeron más dolor y sufrimiento a nuestras vidas, sino que también dejaron cicatrices profundas que afectaron a toda la familia.

Aunque la relación de mis padres no fue convencional, y no hubo un romance típico entre ellos, no culpo ni guardo rencor a mi padre. Agradezco profundamente que, de la manera que fuera, él me haya dado la vida.

Para mí, eso es suficiente para reconocer que, a pesar de ser el producto de una relación que carecía de amor, no estoy en posición de juzgarlo. Entiendo que él también sufrió mucho por esta situación a lo largo de toda su vida.

Mientras reflexiono sobre nuestro viaje compartido, agradezco a mis padres por su contribución única a mi historia. A pesar de las dificultades, me dieron vida y la oportunidad de aprender, crecer y moldearme de maneras que quizás ni ellos mismos imaginaron. Las lecciones que extraje de nuestras experiencias me han convertido en la persona que soy hoy.

Mi mayor deseo es que encuentren inspiración en mi experiencia y que utilicen las lecciones de la vida como trampolines para alcanzar sus propios sueños. Les animo a ser compasivos, a aprender de los desafíos y a esforzarse por ser mejores cada día. Recuerden que el amor, la honestidad y la empatía son las bases para construir una vida plena y significativa. Que cada paso que den refleje su deseo de crecimiento y contribución al mundo que les rodea. Que cada obstáculo sea visto como una oportunidad para fortalecer su resiliencia y determinación. Y sobre todo, que nunca pierdan de vista la importancia de cuidar y apoyar a aquellos que los rodean. En estas simples acciones, encontrarán el camino hacia la realización personal y la felicidad genuina.

A Mi Querida Esposa Adriana:

 Me detengo un momento para expresarte mi profundo agradecimiento por ser la increíble esposa y madre que eres. No hay palabras suficientes para describir cuánto valoro todo lo que haces por nuestra familia.

Tu amor, dedicación y paciencia han sido pilares fundamentales en el desarrollo saludable y feliz de nuestros hijos. Desde el momento en que nos convertimos en padres, has demostrado un compromiso inquebrantable en guiarlos con ternura y enseñarles los valores que forman la base de su crecimiento.